Dieses Pokémon-Fanbuch gehört:

....

Ich bin .... Jahre alt.

Mein Lieblings-Pokémon ist:

....

MIX
Papier aus verantwor-
tungsvollen Quellen
FSC® C121609

Pokémon – Mein großes Fanbuch
Deutschsprachige Ausgabe 2021 durch die Panini Verlags GmbH,
Schloßstraße 76, 70176 Stuttgart
Verlagsleitung: Gabriele El Hag
Chefredaktion: Nicole Hoffart
Redaktion: Verena Gschwind (verantw.)
Übersetzung: Claudia Weber
Lektorat: Helga Kronthaler
Grafik: tab indivisuell, Stuttgart
Druck: CPM Centro Poligrafico Milano S.p.A., Mailand, Italien
ISBN 978-3-8332-4075-1

www.paninishop.de

Die Deutsche Nationalbibliothek verzeichnet diese Publikation in der
Deutschen Nationalbibliografie; detaillierte bibliografische Daten sind
im Internet über http://dnb.d-nb.de abrufbar.

Englische Originalausgabe 2021 mit dem Titel „Pokémon ANNUAL 2022".
First published in Great Britain 2021 by Farshore, 1 London Bridge Street,
London SE1 9GF (www.farshore.co.uk). An imprint of
HarperCollinsPublishers, 1st Floor, Watermarque Building, Ringsend Road,
Dublin 4, Ireland. Written by Emily Stead. Edited by Katrina Pallant.
Designed by Grant Kempster. Cover designed by Jessica Coomber.
All rights reserved.

Pokémon

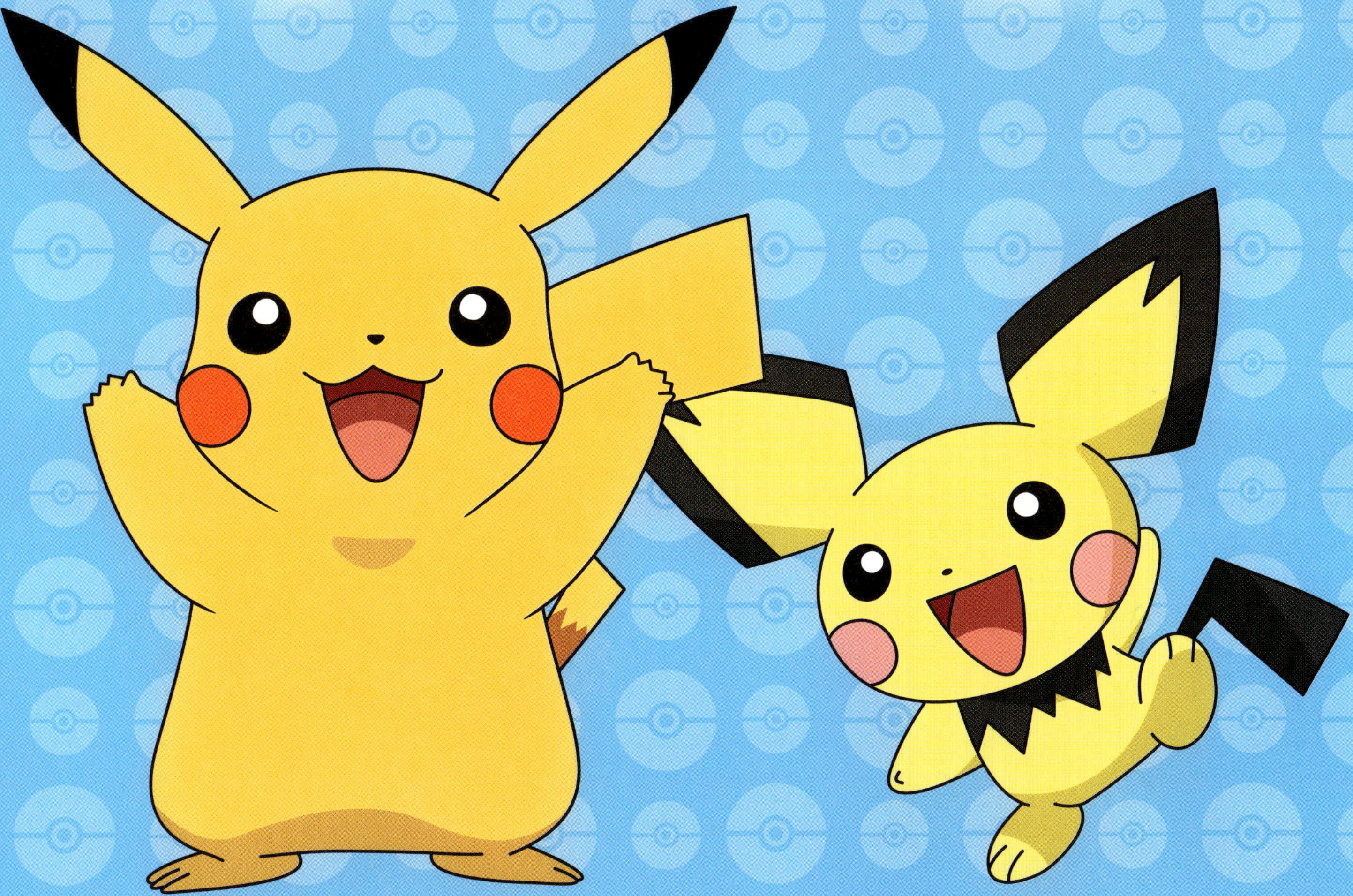

MEIN GROSSES FANBUCH

INHALT

Viele Grüße aus Galar! 7

Es geht los! Komm mit! 8

Findest du die Fehler? 9

Jetzt geht's rund! 10

Echt feurig! 11

Geschichte: Alte Bekannte! 12

Neue Freunde! 20

Das große Lugia-Quiz 21

Perfekt versteckt! 22

Schnipsel-Chaos 23

Galar von A–Z 38

Schattenattacke 39

Chloes Gehirntraining 41

Achtung, Achtung! 42

Malspaß mit Memmeon 44

Geschichte: Hoppla, ein Hopplo! 52

Duell der Hopplo-Experten 54

Beerenhunger 55

Wegweiser 56

Voll verdreht! 57

Evolis Entwicklungen 58

Heldenhafter Krieger 59

Gohs Galar-Dex 60

Dein Favorit 61

Lösungen

VIELE GRÜSSE AUS GALAR!

Auf seinem Weg zum Pokémon-Meister muss Ash sein Zuhause in Alabastia verlassen und nach Galar reisen, der neuesten bekannten Region in der Welt der Pokémon! Mit seinem Smart-Rotom kann Ash jedes neue Pokémon scannen, das er entdeckt.

In diesem Fanbuch erfährst du alles über Ashs Abenteuer in der Region der achten Generation und lernst neue, aufregende Pokémon kennen, und zwar von A bis Z. Löse die Rätsel und verbessere dein Trainer-Game!

WORAUF WARTEST DU NOCH? DIE REISE BEGINNT!

ES GEHT LOS! KOMM MIT!

Auf einem Ausflug nach Orania City freundet sich Ash mit Goh und Chloe an. Goh kann es kaum erwarten, neue Pokémon-Arten zu entdecken. Chloe ist da etwas vorsichtiger ...

INFO-BOX

Name: Goh
Alter: zehn Jahre
Wohnort: Orania City, Kanto
Pokémon: ein Hopplo, das sich erst zu Kickerlo, dann zu Liberlo entwickelt. Hausaufgaben sind nicht so sein Ding – Pokémon umso mehr! Goh träumt davon, ein Mew zu fangen und seinen Pokédex zu vervollständigen.

INFO-BOX

Name: Chloe
Alter: zehn Jahre
Wohnort: Orania City, Kanto
Pokémon: Voldi gehört praktisch zur Familie, wobei Chloe zuerst ein Evoli hatte.
Chloe ist die Tochter von Professor Kirsch. Wenn sie auf neue Pokémon trifft, wird sie immer ziemlich nervös.

FINDEST DU DIE FEHLER?

1

2

Ash und Goh sind bereit für ein neues Abenteuer. Und du? Entdeckst du die acht Fehler im unteren Bild?

Die Lösungen findest du auf Seite 61.

JETZT GEHT'S RUND!

Vier Pokébälle – vier Pokémon. Aber mit welchem Ball kann Ash welches Pokémon fangen? Schnapp dir einen Stift und verbinde jeden Pokéball mit dem passenden Pokémon!

SMETTBO

Der Tauchball eignet sich besonders zum Fangen von Unter-wasser-Pokémon.

MEW

Wenn es Nacht wird, kommen viele Pokémon zum Spielen heraus. Clevere Trainer haben dann Finsterbälle parat.

Der Netz-ball ist nützlich, um Pokémon vom Typ Käfer zu erwischen.

GENGAR

Der Meisterball kommt beim Fangen legendärer und mysteriöser Pokémon zum Einsatz.

QUAJUTSU

Die Lösungen findest du auf Seite 61.

10

ECHT FEURIG!

Verbinde die Punkte der Reihe nach! Weißt du, welcher fliegende Feuerspucker am Himmel von Galar zu sehen ist?

Das Pokémon ist:

__ __ __ __ __ __ __ __ __

Die Lösungen findest du auf Seite 61.

ALTE BEKANNTE!
NEUE FREUNDE!

Wie heißt es so schön? Nur der frühe Trainer fängt das Pokémon! Oder so ähnlich ...
Ash sollte unbedingt den Wecker stellen, wenn er ein Pokémon-Meister werden will.

Ash und Pikachu hatten mal wieder verschlafen. Darum rannten sie, um pünktlich in Professor Eichs Labor zu sein. Ash kam mit hochrotem Kopf an.

„Hallo, Ash!", begrüßte ihn der Professor. „Ein Freund von mir hat gerade ein Forschungslabor in Orania City eröffnet. Willst du mit zur Einweihungsfeier? Du bist herzlich eingeladen."

„Gern", freute sich Ash. Dann fragte er Pikachu: „Du kommst doch auch mit, oder?"

„Auf jeden Fall!", antwortete jemand hinter ihm. Es war Delia, Ashs Mutter. Sie und Pantimos waren Ash hinterhergeeilt, um ihm sein Lunchpaket zu bringen. „Dann kann ich all die schicken Geschäfte besuchen."

Und so machten sie sich kurz darauf gemeinsam auf den Weg.

Als sie Orania City einige Stunden später erreichten, gingen Ash, Pikachu und Professor Eich zur Eröffnungsfeier, und Delia ging shoppen.
„Willkommen in meinem Forschungslabor, dem Kirsch-Park!", begrüßte sie ein Mann im Laborkittel. „Ich bin Professor Kirsch."
Ashs Augen weiteten sich vor Erstaunen.
„Mein Team und ich erforschen Pokémon aller Regionen", fuhr Professor Kirsch fort. „Wir arbeiten ständig daran, unser Wissen zu erweitern. Denn Pokémon kennen, heißt die Welt kennen."
Das Publikum klatschte begeistert.

In diesem Moment blitzte eine Meldung auf dem Laborbildschirm auf.
„Mal sehen!", murmelte Professor Kirsch. „Die Temperatur-, Feuchtigkeits- und Höhenwerte deuten darauf hin, dass sehr bald ein äußerst seltenes Pokémon im Hafen auftaucht …"
„Ein seltenes Pokémon?", wiederholte Ash und schnappte nach Luft. Das war zu schön, um wahr zu sein! Sofort schlich er mit Pikachu aus dem Labor, um sich auf die Suche nach dem Pokémon zu machen.

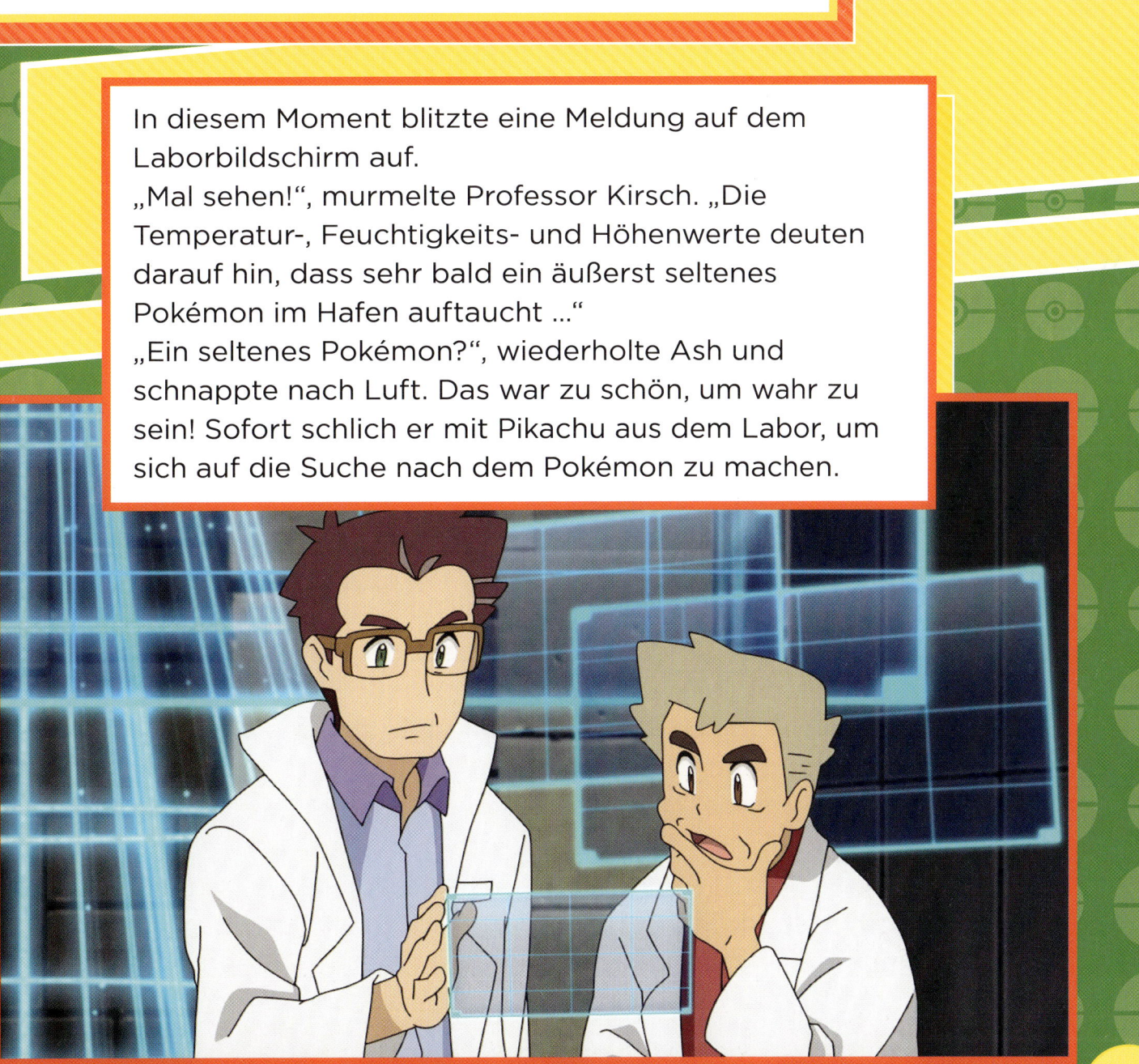

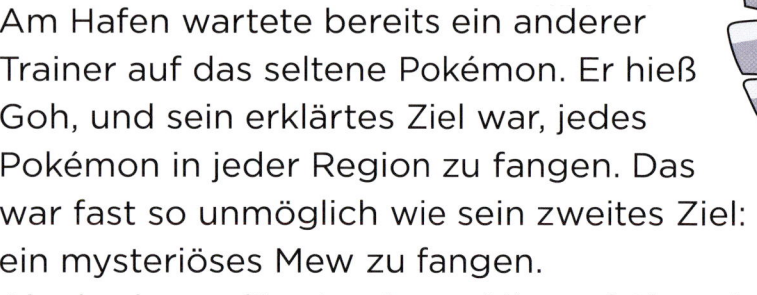

Am Hafen wartete bereits ein anderer Trainer auf das seltene Pokémon. Er hieß Goh, und sein erklärtes Ziel war, jedes Pokémon in jeder Region zu fangen. Das war fast so unmöglich wie sein zweites Ziel: ein mysteriöses Mew zu fangen.

Als das legendäre Lugia am Himmel über der Stadt auftauchte, nahm Goh all seinen Mut zusammen und sprang auf den Schwanz des Pokémon.

„Nimm mich mit!", rief Goh und klammerte sich verzweifelt an Lugia.

Kurz darauf nahm Lugia zwei weitere Passagiere an Bord: Ash und Pikachu sprangen mit einem mutigen Satz auf.

Als Goh dann auf Lugias Rücken hinaufkroch, standen die beiden Trainer einander gegenüber.

„Wie bist du hierhergekommen?", fragten Goh und Ash gleichzeitig. Doch statt einer Antwort krallten sich beide an Lugia fest, das wild durch die Luft wirbelte. Schließlich verlangsamte das Pokémon seine Geschwindigkeit, sodass Ash und Goh wieder zu Atem kamen.

„Wahnsinn, was für ein Flug!", rief Ash begeistert, während Goh mit seinem Smart-Rotom jedes Detail des faszinierenden Fliegers aufzeichnete.

Plötzlich stieg Lugia wieder höher und setzte sich an die Spitze eines Schwarms von Ibitak.
„Unglaublich, diese Flugleistung!", staunte Goh.
Doch die Achterbahnfahrt war noch nicht vorüber – denn Lugia stürzte plötzlich kopfüber auf das Meer zu.

Kurz bevor sie das Wasser erreichten, holten Ash, Goh und Pikachu noch einmal tief Luft. Denn nun begann die Unterwassertour. Dort sahen sie viele Wasser-Pokémon – vom furchterregenden Austos bis zum Muschas-Schwarm. Ash konnte es kaum erwarten, Professor Kirsch davon zu erzählen.

Ash, Goh und Pikachu ging gerade die Puste aus, als Lugia wieder auftauchte und sich anmutig erhob.
„Das war knapp!", keuchte Goh und japste nach Luft.
„Aber es hat sich gelohnt", meinte Ash. „Schon allein wegen all der abgefahrenen Pokémon."
„Nicht nur deswegen", grinste Goh. „Du scheinst auch ein cooler Typ zu sein. Ich finde, wir sollten Freunde werden. Ich bin Goh aus Orania City."
„Ich bin Ash aus Alabastia", antwortete Gohs neuer Freund. „Und das ist Pikachu."

Wenig später entschied Lugia, dass die Reise zu Ende war. Im Sturzflug ging es abwärts, an einer Gallopa-Herde mit feurigen Mähnen vorbei, dann warf Lugia seine Passagiere ab.

Die drei landeten unsanft auf einer Wiese und winkten Lugia zum Abschied zu.

„Lugia mag legendär sein, aber ein Reit-Pokémon ist es nicht", meinte Ash, während Lugia mit mächtigem Flügelschlag in die Ferne schweifte.

„Pokémon sind so was von cool, oder?", seufzte Ash glücklich.

„Ja, Lugia hat mir klargemacht, dass es eine ganze Welt voller Pokémon zu entdecken gibt", antwortete Goh und lächelte. „Wenn wir nur wollen."

„Und ob!", rief Ash und hob die Hand zum High Five.

„Komm, Ash!", sagte Goh. „Es ist Zeit, zurückzugehen."

„Da gibt's nur ein kleines Problem", erwiderte Ash und sah sich suchend um. „Welcher Weg führt zurück?"

Als die drei Abenteurer das Labor in Orania City schließlich erreichten, ging bereits die Sonne unter. Professor Kirsch arbeitete noch – und war schwer beeindruckt von den Aufzeichnungen auf Gohs Smart-Rotom.
„So nah hab ich Lugia noch nie gesehen", staunte der Professor. „Diese Rückenflossen ... in vollem Flug ... genial!"
„Warten Sie, bis wir Ihnen unsere Unterwasseraufnahmen zeigen!", sagte Goh voller Stolz.

Der Professor wandte sich an Ash. „Und, wie war dein Eindruck?", wollte er wissen. „Irgendwie fühlte es sich an, als ob wir uns tatsächlich mit Lugia angefreundet hätten", antwortete Ash.
„PIKA!", stimmte Pikachu ihm zu.

„Als mein Blick den von Lugia traf, lief mir ein Schauer über den Rücken", berichtete Ash. „Und kurz bevor wir im Wasser abtauchten, hörte ich eine Stimme ‚Los geht's!' sagen."

Der Professor konnte kaum glauben, was Ash und Goh alles über das legendäre Pokémon herausgefunden hatten. Er wollte sich dafür erkenntlich zeigen. „Durch euch beide habe ich Dinge über Lugia erfahren, von denen zuvor noch niemand gehört hat", sagte er. „Darum mache ich euch einen ungewöhnlichen Vorschlag …"

Goh und Ash blickten einander an und zuckten die Schultern. Sie hatten keine Ahnung, was der Professor von ihnen wollte.

„Würdet ihr mir die Ehre erweisen, als wissenschaftliche Hilfskräfte in meinem Forschungslabor zu arbeiten?", fragte Professor Kirsch.

„Boah!", entfuhr es Ash. „Was müssten wir da tun?"

„Ihr würdet alle Arten von Pokémon kennenlernen", erklärte der Professor. „Und unsere Pokémon-Studien unterstützen."

„Das ist Musik in meinen Ohren", lachte Goh.

„Ich bin ebenfalls dabei", nickte Ash.

Damit war die Sache entschieden. Ash und Goh wurden Professor Kirschs Forschungsassistenten – bereit, Pokémon in jeder Region zu entdecken und zu beschützen. Das brachte große Verantwortung mit sich. Und große Veränderungen. Ash zog nach Orania City und teilte sich ein Zimmer mit Goh. Blieb nur noch eine Frage zu klären: Wer bekam das obere Bett?

Die Begegnung mit dem legendären Lugia eröffnete Ash und Goh eine Welt voller Abenteuer – und Pokémon! Welche Wesen würden sie wohl als Nächstes treffen? Die Reise geht weiter ...

DAS GROSSE LUGIA-QUIZ

Hier dreht sich alles um Lugia, eins der stärksten und mächtigsten Pokémon! Wie gut kennst du dich aus?

1 Ist Lugia ein legendäres oder ein mysteriöses Pokémon?

Legendär ☐   Mysteriös ☐

2 Kreuze an, welchen Typen Lugia zugeordnet ist!

Flug ☐   Fee ☐   Wasser ☐   Psycho ☐

3 Kann Lugia schwimmen?

Ja ☐   Nein ☐

4 Hat sich Lugia aus einem anderen Pokémon entwickelt?

Ja ☐   Nein ☐

5 Wie groß ist Lugia?

1,5 m ☐   3,6 m ☐   5,2 m ☐

6 Welcher Körperteil besitzt zerstörerische Kräfte?

Seine Kiefer ☐   Seine Krallen ☐   Seine Flügel ☐

Die Lösungen findest du auf Seite 61.

PERFEKT VERSTECKT!

Ein Rudel Bisaknosp sorgt im Stadtpark angeblich für Chaos. Ash und Goh wollen dem Gerücht auf den Grund gehen. Hilf ihnen, 16 Pokémon zu finden!

Die Lösungen findest du auf Seite 61.

SCHNIPSEL-CHAOS

Wie viele Fleknoil flattern auf diesem zerschnittenen Bild herum?
Bringe die Schnipsel in die richtige Reihenfolge und finde es heraus!

A B C D E F

1 F 2 D 3 C 4 B 5 A 6 E

Die Lösungen findest du auf Seite 61.

GALAR VON A–Z

Auf ihrer Reise durch Galar erforschen Ash und Goh die Pokémon der Region und treffen viele alte Bekannte, aber auch richtig seltene legendäre Pokémon. Als wissenschaftliche Hilfskräfte zeichnen die Jungs alle Informationen auf ihren Smart-Rotoms auf.

AGGROSTELLA

Gift • Wasser
0,7 m
14,5 kg

Um im kalten Wasser der Galar-Region zu überleben, bildet es mit seinen Tentakeln eine schützende Kuppel um seinen Körper.

AKKUP

Käfer • Elektro
0,5 m
10,5 kg

Sein robuster Panzer schützt das Batterie-Pokémon. Durch die Spitzen am Kiefer leitet es Strom, mit dem es sich gegen Angreifer wehrt.

ALPOLLO

Geist • Gift
1,6 m
0,1 kg

Falls du im Dunkeln das Gefühl hast, beobachtet zu werden, aber niemand zu sehen ist, dann ist es bestimmt Alpollo.

AQUANA

Wasser
1,0 m
29,0 kg

Wenn seine Flossen beginnen zu vibrieren, ist das ein sicheres Zeichen dafür, dass Regen aufzieht.

ARANESTRO

Wasser • Käfer
1,8 m
82,0 kg

Das spinnenähnliche Pokémon gewährt Araqua in seiner Wasserblase Unterschlupf und füttert es.

ARAQUA

Wasser • Käfer
0,3 m
4,0 kg

Das Pokémon verlässt das Wasser nur selten. Wenn es auf Futtersuche an Land geht, steckt es seinen Kopf in eine Wasserblase.

ARKANI

Feuer
1,9 m
155,0 kg

Mit dem Feuer, das in ihm lodert, als Energiequelle kann es knapp 10 000 km am Tag zurücklegen.

BÄHMON

Unlicht • Fee
0,4 m
5,5 kg

Wenn das Hinterlist-Pokémon auf Raubzug geht, schleicht es in Häuser und verleibt sich die negative Energie von deren Bewohnern ein.

BARRAKIEFA

Wasser
1,3 m
30,0 kg

Sein Kiefer ist spitz wie ein Speer und hart wie Stahl. Das Fleisch des Spieß-Pokémon soll überraschend lecker schmecken.

BARRIKADAX

Unlicht • Normal
1,6 m
46,0 kg

Im Zuge unzähliger Kämpfe hat es sich entwickelt. Formt es mit den Armen ein X und stößt dabei einen lauten Schrei aus, verschreckt es jeden.

BARSCHWA

Wasser
0,6 m
7,4 kg

Das Fisch-Pokémon gilt als schäbig und hässlich, dafür ist es abgehärtet und überlebt auch mit wenig Wasser.

BELLEKTRO

Elektro
1,0 m
34,0 kg

Das Hunde-Pokémon generiert Strom und lässt ihn in seine Beine fließen. Dadurch kann es drei Tage und drei Nächte lang durchrennen – ohne Pause!

BLITZA

Elektro
0,8 m
24,5 kg

Wenn es erschrickt oder wütend wird, stellt es sein Fell auf wie messerscharfe Nadeln und sticht den Gegner.

BRIMANO

Psycho
0,6 m
4,8 kg

Ein Schlag mit den Quasten an seinem Kopf genügt, um sogar einen Profiboxer zum Schweigen zu bringen.

BRIMOVA

Psycho
0,4 m
3,4 kg

Das Geruhsam-Pokémon liebt die Ruhe. Nimmt es starke Emotionen wahr, macht es sich schnell aus dem Staub.

BRITZIGEL

Elektro
0,3 m
1,0 kg

In seinen spitzen Stacheln fließt elektrischer Strom. Mit den scharfen Zähnen schabt es Algen von Steinen und frisst sie.

CHIMPEP

Pflanze
0,3 m
5,0 kg

Es greift mit schnellen Schlägen seines Holzstocks an; die rasanten Trommelbewegungen bringen es dabei immer mehr in Fahrt.

CHIMSTIX

Pflanze
0,7 m
14,0 kg

Je wilder der Beat, den es mit seinen Holzschlägeln erzeugt, desto mehr wird es von Artgenossen respektiert.

COTTINI

Pflanze
0,4 m
2,2 kg

Wenn das Blumenzier-Pokémon sein Beinchen fest im Boden verankert und ausgiebig im Sonnenlicht badet, nimmt seine Blüte eine kräftigere Farbe an.

COTTOMI

Pflanze
0,5 m
2,5 kg

Aus der Baumwolle auf seinem Kopf werden herrlich glänzende Fäden gesponnen, für die die Galar-Region berühmt ist.

DEPONITOX

Gift
1,9 m
107,3 kg

Das Müllhalden-Pokémon frisst Müll, den es im Körper in Gift verwandelt. Je nach Art des Mülls ändert sich das Gift und macht das Pokémon unberechenbar.

DONARION

Käfer • Elektro
1,5 m
45,0 kg

Wenn es ein Akkup als Reservebatterie benutzt, kann es im Flug eine Salve aus extrem starken Elektrostrahlen abfeuern.

DRAPFEL

Pflanze • Drache
0,3 m
1,0 kg

Das Apfelflügel-Pokémon spuckt extrem sauren Speichel aus und kann die Form eines Apfels annehmen.

DUODINO

Unlicht • Drache
1,4 m
50,0 kg

Sein Körper hat immer Narben, selbst wenn es gar nicht gekämpft hat. Und die beiden Köpfe streiten ständig und neiden sich das Futter.

DURALUDON

Stahl • Drache
1,8 m
40,0 kg

Sein Körper besteht aus hell poliertem Metall, das nicht nur leicht, sondern auch robust ist. Es hat jedoch den Nachteil, schnell zu rosten.

ENDYNALOS

Gift • Drache
20,0 m
950,0 kg

Wenn sein Brustkorb die Energie absorbiert, die aus dem Boden der Galar-Region strömt, wird das Giganten-Pokémon aktiv.

EVOLI

Normal
0,3 m
6,5 kg

Weil das Erbmaterial des Evolutions-Pokémon recht instabil ist, hat es das Potenzial für viele verschiedene Entwicklungen.

FATALITEE

Geist
0,1 m
0,2 kg

Es ist wohl entstanden, als eine einsame Seele Besitz von einer Tasse kaltem Schwarztee ergriffen hat.

FEELINARA

Fee
1,0 m
23,5 kg

Ein Märchen aus der Galar-Region erzählt, wie ein wunderschönes Feelinara ein grässliches Drachen-Pokémon bezwingt.

FLAMARA

Feuer
0,9 m
25,0 kg

Das Feuer-Pokémon speichert in seinem Flammensack einen Teil der eingeatmeten Luft und erhitzt sie auf bis zu 1 700 Grad.

FLEKNOIL

Psycho • Flug
0,4 m
2,1 kg

Herzförmige Flecken an der Decke einer Höhle sind ein sicheres Zeichen dafür, dass Fleknoil dort leben.

FLETIAMO

Psycho • Flug
0,9 m
10,5 kg

Wenn es lange, starke Ultraschallwellen ausstößt, wird es so müde, dass es eine Weile nicht fliegen kann.

FOLIPURBA

Pflanze
1,0 m
25,5 kg

Die Bewohner Galars mögen den unverwechselbaren Geruch, den seine Blätter verströmen. Als Parfüm ist er sehr beliebt.

FUKANO

Feuer
0,7 m
19,0 kg

Das Welpen-Pokémon ist sehr treu und bellt jeden Gegner furchtlos an, um seinen Trainer zu schützen.

GALAGLADI

Psycho • Kampf
1,6 m
52,0 kg

Das Klingen-Pokémon spürt sofort, wenn jemand in Not ist, und eilt ihm unverzüglich zu Hilfe.

GALAR-CORASONN

Geist
0,6 m
0,5 kg

Dieses Korallen-Pokémon wurde durch veränderte Umweltbedingungen ausgelöscht. Mit ihren Ästen rauben untote Überreste anderen die Lebensenergie.

GALAR-FLAMPION

Eis
0,7 m
40,0 kg

Seit es in kälteren Gefilden lebt, hat sich sein Flammensack zurückgebildet. Dafür hat es nun ein Organ, das eiskalte Luft erzeugt.

GALAR-FLAMPIVIAN

Eis
1,7 m
120,0 kg

Das scheue Lampion-Pokémon lebt zurückgezogen in den Bergen von Galar. Nur bei Schneestürmen steigt es manchmal zu den Siedlungen der Menschen hinab.

GALAR-FLUNSCHLIK

Boden • Stahl
0,7 m
20,5 kg

Das Leben in stark eisenhaltigem Schlamm hat dem Pokémon einen robusten Körper aus Stahl verliehen.

GALAR-GALLOPA

Psycho • Fee
1,7 m
80,0 kg

Im Fell über seinen Hufen speichert das kühne und stolze Einhorn-Pokémon Psychokräfte, dank denen es leichtfüßig durch die Wälder galoppiert.

GALAR-GERADAKS

Unlicht • Normal
0,5 m
32,5 kg

Mit seiner langen Zunge provoziert das Sprinter-Pokémon den Gegner, bis der vor Wut kocht; dann rammt es ihn mit voller Wucht.

GALAR-MAKABAJA

Boden • Geist
0,5 m
1,5 kg

Es heißt, dieses Pokémon sei entstanden, als eine verbitterte Seele Besitz von einer uralten Tontafel ergriff.

GALAR-MAUZI

Stahl
0,4 m
7,5 kg

Das Leben bei einem kriegerischen Seefahrervolk hat es so stark gemacht, dass manche seiner Körperstellen zu Eisen wurden.

GALAR-PANTIMOS

Eis • Psycho
1,4 m
56,8 kg

Mit seinen Fußsohlen erzeugt es kalte Luft, die am Boden gefriert; auf dieser Eisschicht steppt es den ganzen Tag.

GALAR-PONITA

Psycho
0,8 m
24,0 kg

In seinem kurzen Horn stecken wundersame Kräfte. Wenn das Einhorn-Pokémon kleine Wunden mit dem Horn berührt, heilen sie.

GALAR-PORENTA

Kampf
0,8 m
42,0 kg

Das Wildenten-Pokémon der Galar-Region ist tapfer. Lauchstangen dienen ihm als Nahrung, aber es kämpft auch damit.

GALAR-SMOGMOG

Gift • Fee
3,0 m
16,0 kg

Es nimmt Schmutzpartikel aus der Luft auf und scheidet anschließend saubere Luft wieder aus.

GALAR-ZIGZACHS

Unlicht • Normal
0,4 m
17,5 kg

Es ist vermutlich die älteste Form von Zigzachs und hinterlässt überall ein Riesenchaos, wenn es sich im Zickzack bewegt.

GARADOS

Wasser • Flug
6,5 m
235,0 kg

Wenn das Grausam-Pokémon wütend ist, brennt es alles nieder – selbst während eines Sturms.

GARSTELLA

Gift • Wasser
0,4 m
8,0 kg

Anders als in der Alola-Region hat das Quäl-Stern-Pokémon der Galar-Region noch nicht bemerkt, wie köstlich die Arme von Corasonn sind.

GAUNUX

Unlicht
1,2 m
19,9 kg

Erst markiert es heimlich sein Opfer, dann folgt es dem Geruch und bestiehlt es, sobald sich die Gelegenheit bietet.

GENGAR

Geist • Gift
1,5 m
40,5 kg

Wenn Schatten bei Vollmond plötzlich lachen und sich bewegen, steckt das Schatten-Pokémon dahinter.

GERONIMATZ

Normal • Flug
0,5 m
10,5 kg

Es ist so streitsüchtig, dass es jeden zum Kampf herausfordert. Seine starken Klauen können die härtesten Beeren zermalmen.

GLAZIOLA

Eis
0,8 m
25,9 kg

Das Neuschnee-Pokémon lenkt seine Beute mit Diamantstaubgestöber ab, um sie dann unbemerkt einzufrieren.

GLUMANDA

Feuer
0,6 m
8,5 kg

Das Echsen-Pokémon liebt alles, was heiß ist. Wenn es regnet, dampft seine Schwanzspitze.

GLURAK

Feuer • Flug
1,7 m
90,5 kg

Der Feueratem des Flammen-Pokémon kann Felsen schmelzen; ab und zu verursacht es auch Waldbrände.

GLUTEXO

Feuer
1,1 m
19,0 kg

Im Kampf schlägt es mit seinem brennenden Schweif brutal um sich und schlitzt seine Gegner mit den Klauen auf.

GORGASONN

Geist
1,0 m
0,4 kg

Ektoplasma umhüllt die Seele im Inneren des geisterhaften Korallen-Pokémon. Wer es berührt, erstarrt zu Stein.

GORTROM

Pflanze
2,1 m
90,0 kg

Das Drummer-Pokémon mit der besten Trommeltechnik wird zum Anführer. Da es ein ruhiges Gemüt hat, legt es viel Wert auf Harmonie in der Gruppe.

GRANDIRAS

Drache • Kampf
1,6 m
78,2 kg

In manchen Ruinen haben sich uralte Bilder von Kriegern mit Rüstungen aus Grandiras-Schuppen erhalten.

GROLLDRA

Drache • Geist
0,5 m
2,0 kg

In der Urzeit lebte es im Meer. Nun ist es als Geister-Pokémon wiedererwacht und irrt rastlos durch seinen früheren Lebensraum.

GUARDEVOIR

Psycho • Fee
1,6 m
48,4 kg

Wenn es seinen Trainer schützen will, erzeugt es mit seinen Psychokräften ein kleines schwarzes Loch.

HOKUMIL

Fee
0,2 m
0,3 kg

Das Pokémon entstand aus süß duftenden Teilchen in der Luft; sein Körper besteht aus einem Klecks Sahne.

HOPPLO

Feuer
0,3 m
4,5 kg

Erhöht es durch Rennen seine Körpertemperatur, strömt Feuer-Energie durch seinen Körper. Dann kann es seine wahre Kraft entfesseln.

HUMANOLITH

Gestein
2,5 m
520,0 kg

Es verweilt gern auf weitläufigen Wiesen und beobachtet den Lauf der Sonne. Dynamische Trittangriffe sind seine Spezialität.

INFERNOPOD

Feuer • Käfer
3,0 m
120,0 kg

Mit seinem entflammten Körper und den scharfen Mundwerkzeugen ist das angriffslustige Exotherm-Pokémon enorm gefährlich.

INTELLEON

Wasser
1,9 m
45,2 kg

Es hat viele verborgene Fähigkeiten. So kann es Wasser aus den Fingern schießen und mit der Membran am Rücken durch die Luft segeln.

KAMALM

Wasser • Gestein
1,0 m
115,5 kg

Mit seinem kräftigen Kiefer, der selbst Eisenstangen zermalmen kann, reißt das von Natur aus aggressive Biss-Pokémon seine Beute.

KAOCTO

Kampf
1,6 m
39,0 kg

Das Jiu-Jitsu-Pokémon, dessen Körper nur aus Muskeln besteht, ist für den ungemein kräftigen Würgegriff seiner Tentakel berüchtigt.

KAPUNO

Unlicht • Drache
0,8 m
17,3 kg

Da das Haudrauf-Pokémon nichts sehen kann, beißt es zur Orientierung in alles, was sich in seiner Nähe befindet.

KARPADOR

Wasser
0,9 m
10,0 kg

Das Fisch-Pokémon ist so schwach, dass es sich in Gewässern mit starker Strömung einfach treiben lässt.

KATAPULDRA

Drache • Geist
3,0 m
50,0 kg

Stets sitzen Grolldra in seinen Hörnern. Kommt es zum Kampf, feuert es diese mit Mach-Geschwindigkeit ab.

KERADAR

Käfer • Psycho
0,4 m
19,5 kg

Das Radarkuppel-Pokémon wirkt leblos, weil es sich fast nie bewegt. Seine Psychokräfte erwachten, als es ohne Nahrung im Panzer ausharrte.

KICKERLO

Feuer
0,6 m
9,0 kg

Sein dickes, flauschiges Fell schützt es vor Kälte und lässt es noch heißere Feuer-Attacken austeilen.

KIRLIA

Psycho • Fee
0,8 m
20,2 kg

Wenn sein Trainer sich freut, wird es zum Energiebündel und wirbelt fröhlich um die eigene Achse.

KLEPTIFUX

Unlicht
0,6 m
8,9 kg

Es stibitzt Futter von anderen Pokémon. Dank der samtweichen Pfoten ist sein Gang lautlos, und mit dem buschigen Schwanz verwischt es Spuren.

KLONKETT

Gestein
0,3 m
12,0 kg

Es wurde vor rund 400 Jahren in einer Kohlemine entdeckt. Sein Körper besteht fast aus denselben Komponenten wie Steinkohle.

KLOPPTOPUS

Kampf
0,6 m
4,0 kg

Sein Verstand ist auf dem Niveau eines dreijährigen Kindes. Dass seine Tentakel oft abreißen, macht ihm nichts aus, da sie nachwachsen.

KNAPFEL

Pflanze • Drache
0,2 m
0,5 kg

Das Apfelhaus-Pokémon verbringt sein ganzes Leben im Inneren eines Apfels. So schützt es sich auch vor Vogel-Pokémon und anderen Fressfeinden.

KRANOVIZ

Flug
0,8 m
16,0 kg

Das Krähen-Pokémon setzt seine Klauen ein, zum Beispiel um Steine zu werfen oder Seile um seine Gegner zu wickeln.

KRARMOR

Flug • Stahl
2,2 m
75,0 kg

Aufgrund seiner unübertroffenen Flugfertigkeiten und hohen Intelligenz ist es in der Galar-Region als Flugtaxi im Einsatz.

KUBUIN

Eis
1,4 m
89,0 kg

Das Pinguin-Pokémon kühlt sein Gesicht ständig mit Eis, da es Hitze nicht verträgt. Mit dem Haar auf seinem Kopf angelt es im Meer nach Beute.

KUPFANTI

Stahl
1,2 m
100,0 kg

Harte Knochenarbeit ist kein Problem für Kupfanti. Sein Körper aus Kupfer rostet im Regen und nimmt eine leuchtend grüne Farbe an.

LAPRAS

Wasser • Eis
2,5 m
220,0 kg

Das Transport-Pokémon ist intelligent und herzensgut; wenn es übers Meer gleitet, ist sein herrlicher Gesang zu hören.

LAUCHZELOT

Kampf
0,8 m
117,0 kg

Nur ein Porenta, das viele Schlachten überstanden hat, entwickelt sich zu Lauchzelot. Verwelkt seine Lauchstange, hört es auf zu kämpfen.

LECRYODON

Elektro • Eis
2,3 m
150,0 kg

Das Fossil-Pokémon lebte in der Urzeit am Strand. Mit seinem kalten Körper machte es Futter haltbar. Weil es träge war, starb es aus.

LECTRAGON

Elektro • Drache
1,8 m
190,0 kg

Mit den kräftigen Schwanzmuskeln erzeugt es Elektrizität. Sein Oberkörper ist im Vergleich zum Unterkörper viel zu klein.

LEGIOS

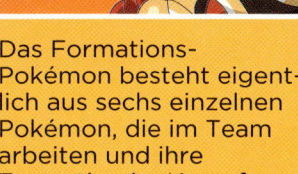

Kampf
3,0 m
62,0 kg

Das Formations-Pokémon besteht eigentlich aus sechs einzelnen Pokémon, die im Team arbeiten und ihre Formation im Kampf nach Belieben ändern.

LUCARIO

Kampf • Stahl
1,2 m
54,0 kg

Das Aura-Pokémon kann die Gedanken von Menschen lesen. Deshalb lässt es sich nur auf Trainer ein, die ihr Herz am rechten Fleck haben.

MABULA

Käfer
0,4 m
4,4 kg

Mit seinen großen Kieferklauen gräbt es sich seinen Bau im Waldboden; am liebsten mag es süßen Baumsaft.

MACHOLLO

Kampf
0,8 m
19,5 kg

Da es vor Kraft nur so strotzt, hebt es zum Zeitvertreib Felsen. Dadurch gewinnt es an zusätzlicher Stärke.

MACHOMEI

Kampf
1,6 m
130,0 kg

Mit seinen vier Armen, die viel schneller reagieren, als es denken kann, kann das Kraftprotz-Pokémon viele Schläge auf einmal ausführen.

MAMPFAXO

Normal
0,6 m
105,0 kg

Das Nimmersatt-Pokémon will nur fressen – so viel wie möglich. Der Geschmack spielt keine Rolle. Auch verdorbene Nahrung macht ihm nichts aus.

MARITELLIT

Käfer • Psycho
0,4 m
40,8 kg

Das Siebensterne-Pokémon ist äußerst schlau. Mit seinem großen Gehirn verfügt es auch über mächtige Psychokräfte.

MASCHOCK

Kampf
1,5 m
70,5 kg

Mit seinem durchtrainierten Körper, der nie müde wird, hilft das Kraftprotz-Pokémon Menschen, schwere Sachen zu tragen.

MAUZINGER

Stahl
0,8 m
28,0 kg

Was aussieht wie ein eiserner Helm, sind die verhärteten Haare auf dem Kopf des kampfeslustigen Pokémon.

MEDIRAS

Drache • Kampf
1,2 m
47,0 kg

Das Schuppentier-Pokémon prahlt mit Narben und schuppenlosen Körperstellen, weil sie als Zeichen der Stärke gelten.

MEIKRO

Flug
0,2 m
1,8 kg

Es ist von Natur aus sehr mutig und fordert jeden noch so starken Feind heraus. Wenn es den Kürzeren zieht, dient es eben seinem Training.

MEMMEON

Wasser
0,3 m
4,0 kg

Wenn es Angst hat, vergießt es Tränen mit Reizstoffen, die so stark sind wie 100 Zwiebeln. So bringt es seine Gegner ebenfalls zum Weinen.

MILOTIC

Wasser
6,2 m
162,0 kg

Es gilt als das schönste aller Pokémon und hat schon so manchem Künstler als Quelle der Inspiration gedient.

MIMIGMA

Geist • Fee
0,2 m
0,7 kg

Es verbirgt sich unter einem Lumpen, der an Pikachu erinnert, um harmlos auszusehen. Leider wird es dadurch noch gruseliger.

MINIRAS

Drache
0,6 m
29,7 kg

Es kommuniziert mit Artgenossen, indem es mit seinen metallartigen Schuppen rasselt. Mit seiner Kopfplatte wehrt es Angriffe ab.

MONTECARBO

Gestein • Feuer
2,8 m
310,5 kg

Im Kampf lodert sein Kohleberg tiefrot, und das Kohle-Pokémon sprüht glühende Funken, die die Umgebung versengen.

MORPEKO

Elektro • Unlicht
0,3 m
3,0 kg

Das Alter-Ego-Pokémon frisst Samen, die es in seinen Backentaschen verwahrt. So stillt es nicht nur seinen Hunger, sondern produziert auch Elektrizität.

MORTIPOT

Geist
0,2 m
0,4 kg

Entdeckt es Reste von Schwarztee, lässt es seine Kraft hineinfließen und verwandelt den Tee in ein Mortipot.

MOTTINEVA

Eis • Käfer
1,3 m
42,0 kg

Wenn jemand Felder und Berge verwüstet, bestraft ihn das Eismotten-Pokémon, indem es mit seinen Flügeln schwere Schneestürme erzeugt.

NACHTARA

Unlicht
1,0 m
27,0 kg

Bei Vollmond – und wenn es sich aufregt – leuchten die ringförmigen Muster auf seinem Körper hellgelb.

NEBULAK

Geist • Gift
1,3 m
0,1 kg

Mit seinem fast gasförmigen Körper kommt es an jeden Ort, kann jedoch vom Wind davongeweht werden.

OGHNATOLL

Boden • Geist
1,6 m
66,6 kg

Es entstand aus uralten Felsmalereien, die mit einem mächtigen Fluch belegt waren und die Seele eines Makabaja aufnahmen.

OLANGAAR

Unlicht • Fee
1,5 m
61,0 kg

Wickelt das Muskelaufbau-Pokémon seine Haare um den Körper, verstärkt dies seine Muskelkraft so, dass es sogar Machomei bezwingen kann.

ONIX

Gestein • Boden
8,8 m
210,0 kg

Wenn es sich durch den Boden gräbt, nimmt es viele harte Gegenstände auf. Diese machen seinen Körper noch härter.

PAM-PAM

Kampf
0,6 m
8,0 kg

Es starrt den Gegner finster an, um ihn zu beeindrucken. Doch wenn es sich entspannt, muss es unwillkürlich grinsen.

PANDAGRO

Kampf • Unlicht
2,1 m
136,0 kg

Mit seinem Blatt ahnt es die Bewegungen des Gegners voraus. Seine Schläge sind so gewaltig, dass es sogar große Lkws in Schrott verwandelt.

PANTIFROST

Eis • Psycho
1,5 m
58,2 kg

Wegen seiner lustigen Bewegungen ist es sehr beliebt. Vom Muster auf seinem Bauch sendet es Psychokräfte aus.

PATINARAJA

Stahl
3,0 m
650,0 kg

Das Kupferfant-Pokémon lebt in Herden. Wenn es mit seinem kräftigen Rüssel zudrückt, werden sogar massive Felsen zu Staub.

PELIPPER

Wasser • Flug
1,2 m
28,0 kg

Der Bote der Lüfte bringt Eier und kleine Pokémon in seinem großen Schnabel in Sicherheit.

PELZEBUB

Unlicht • Fee
0,8 m
12,5 kg

Das listige Schelm-Pokémon versucht, seine Beute in den Wald zu locken. Angeblich kann es Feldfrüchte gedeihen lassen.

PESCRAGON

Wasser • Drache
2,3 m
215,0 kg

Seine außergewöhnlich kräftigen Beine lassen es zwar über 60 km/h schnell laufen, doch atmen kann es nur unter Wasser.

PESCRYODON

Wasser • Eis
2,0 m
175,0 kg

Das Fossil-Pokémon fängt seine Beute, indem es dessen Umgebung einfriert. Mit dem Maul an der Kopfoberseite ist das Fressen allerdings sehr umständlich.

PHANDRA

Drache • Geist
1,4 m
11,0 kg

Es fliegt bis zu 200 km/h schnell und kämpft gemeinsam mit Grolldra, um das es sich bis zu dessen Entwicklung liebevoll kümmert.

PICHU

Elektro
0,3 m
2,0 kg

Obwohl es so klein ist, kann es genug Elektrizität freisetzen, um einen Erwachsenen zu überwältigen.

PIKACHU

Elektro
0,4 m
6,0 kg

Pikachu begrüßen einander, indem sie ihre Schweife aneinanderreiben. Dadurch lädt sich die Umgebung statisch auf, und Blitze entstehen.

PIKUDA

Wasser
0,5 m
1,0 kg

Der spitz zulaufende Kiefer ist sein ganzer Stolz. Wenn sich etwas auch nur minimal bewegt, setzt es geradewegs zum Stoßangriff an.

POKUSAN

Fee
0,3 m
0,5 kg

Wenn es einem Trainer vertraut, verwöhnt es ihn mit Beeren samt Sahnehäubchen.

PSIANA

Psycho
0,9 m
26,5 kg

Über die Kugel an seiner Stirn feuert es Psychokräfte ab. Geht ihm die Kraft aus, verliert die Farbe der Kugel an Glanz.

PSIAU

Psycho
0,3 m
3,5 kg

Mit seinen Psychokräften könnte es selbst Profi-Wrestler vom Platz fegen. Es fällt ihm aber schwer, diese Kräfte zu kontrollieren.

PSIAUGON

Psycho
0,6 m
8,5 kg

Über das Augenmuster an der Ohreninnenseite kann das Fassungs-Pokémon seine Psychokräfte freisetzen; normalerweise hält es sie aber verborgen.

RAFFEL

Normal
0,3 m
2,5 kg

Es ist überall in der Galar-Region anzutreffen. Findet es keine Beeren, die es in seinen beiden Backen horten kann, wird es unruhig.

RAICHU

Elektro
0,8 m
30,0 kg

Der lange Schweif dient ihm zur Erdung und schützt es vor seiner eigenen Hochspannung.

RELAXO

Normal
2,1 m
460,0 kg

Sein Magen ist so widerstandsfähig, dass es sogar Verschimmeltes und Verdorbenes essen kann – und dabei immer dicker wird.

RESLADERO

Kampf • Flug
0,8 m
21,5 kg

Bevor es dem Gegner mit seiner Spezialtechnik ein Ende setzt, posiert es stets – was so mancher Gegner zum Konterangriff nutzt.

RIHORN

Boden • Gestein
1,0 m
115,0 kg

Das Stachler-Pokémon ist nicht besonders klug, aber so stark, dass es Hochhäuser zum Einsturz bringen kann.

RIHORNIOR

Boden • Gestein
2,4 m
282,8 kg

Es bestückt die Vertiefungen in seinen Händen mit Felsen oder Kiesling und feuert diese daraus ab. In jeder Hand hat es Platz für drei Geschosse.

RIOLU

Kampf
0,7 m
20,2 kg

Es hat so viel Ausdauer, dass es die ganze Nacht rennen könnte. Wer mit ihm spazieren gehen will, kann nur schwer mit ihm Schritt halten.

RIZEROS

Boden • Gestein
1,9 m
120,0 kg

Nach seiner Weiterentwicklung geht es aufrecht auf den Hinterbeinen. Mit dem Horn kann es Löcher in Felsen bohren.

SALANGA

Boden
2,2 m
7,6 kg

Es verschießt Sand aus den Nasenlöchern, damit der Feind nichts mehr sieht und es sich verstecken kann.

SANACONDA

Boden
3,8 m
65,5 kg

Es rollt sich zusammen, um den Sand aus seinem Sandbeutel wirkungsvoller verschießen zu können.

SCHLAPFEL

Pflanze • Drache
0,4 m
13,0 kg

Den Körper des gemächlichen Pokémon bedeckt süßer Nektar; die leckere Rückenschale ist vor allem bei Kindern beliebt.

SCHLARAFFEL

Normal
0,6 m
6,0 kg

Das in der Galar-Region häufige Gierschlund-Pokémon hat sehr kräftige Zähne, mit denen es selbst die härtesten Beerenschalen knacken kann.

SEN-LONG

Normal • Drache
3,0 m
185,0 kg

Das Gelassenheits-Pokémon lebt in Höhen über 3 000 Metern. Ganz selten zeigt es sich auch in Städten, wo es dann vergnügt mit den Kindern spielt.

SERVOL

Psycho • Normal
0,9 m
28,0 kg

Mit den Hörnern erfasst das Emotions-Pokémon die Stimmung seines Gegenübers und schöpft Kraft aus positiven Gefühlen.

SILEMBRIM

Psycho • Fee
2,1 m
5,1 kg

Das Stille-Pokémon wird auch „Hexe des Waldes" genannt. Wer zu laut ist, bekommt die Klaue an seinem Fühler zu spüren.

SMETTBO

Käfer • Flug
1,1 m
32,0 kg

Wenn das Falter-Pokémon schnell mit den Flügeln schlägt, setzt es hochgiftigen Flügelstaub frei.

SNIBUNNA

Unlicht • Eis
1,1 m
34,0 kg

Es jagt seine Beute im Team. So lassen sich selbst große Mamutel mit Leichtigkeit erlegen.

SNIEBEL

Unlicht • Eis
0,9 kg
28 kg

Die scharfen Krallen an seinen Pfoten fährt es blitzschnell aus, um seine Gegner zu überraschen.

SNOMNOM

Eis • Käfer
0,3 m
3,8 kg

Es spinnt einen eisigen Faden, mit dem es sich an einen Ast hängt und so tut, als wäre es ein Eiszapfen – dabei will es nur in Ruhe schlafen.

STAHLOS

Stahl • Boden
9,2 m
400 kg

Es schluckt viel eisenhaltige Erde, um seinen ohnehin schon stahlharten Körper weiter zu stärken.

THERMOPOD

Feuer • Käfer
0,7 m
1,0 kg

Mit dem entzündlichen Gas in seinem Körper erzeugt es Hitze. Die gelben Stellen an seinem Bauch werden besonders heiß.

TOGEPI

Fee
0,3 m
1,5 kg

Seine Schale ist mit Freude gefüllt. Wenn es nett behandelt wird, teilt es sein Glück, heißt es.

TOGETIC

Fee • Flug
0,6 m
3,2 kg

Wie man hört, zeigt es sich nur gutherzigen, einfühlsamen Menschen und überschüttet sie mit Freude.

TOXEL

Elektro • Gift
0,4 m
11,0 kg

Das Gift aus dem Giftsack in seinem Körper sondert es über die Haut ab. Berührt man es, bekommt man einen lähmenden Schock verpasst.

TRASLA

Psycho • Fee
0,4 m
6,6 kg

Wenn seine Hörner freundliche Gefühle erfassen, erwärmt sich sein ganzer Körper ein bisschen.

TRIKEPHALO

Unlicht • Drache
1,8 m
160,0 kg

Das Brutal-Pokémon beißt alles, was sich bewegt. Es soll sogar ganze Dörfer zerstört haben, wie es in alten Sagen heißt.

VISCARGOT

Drache
0,8 m
17,5 kg

Der Knubbel auf dem Rücken enthält sein winziges Gehirn. Es denkt nur an Fressen und Flucht.

VOLDI

Elektro
0,3 m
13,5 kg

Beim Rennen erzeugt es Strom in seinem Schwanzansatz. Von Hirten der Galar-Region wird es gern wie ein Hütehund eingesetzt.

VOLTULA

Käfer • Elektro
0,8 m
14,3 kg

Das Stromspinnen-Pokémon spinnt Fallen aus elektrisch geladenen Fäden, um Vogel-Pokémon-Jungen zu fangen.

VULNONA

Feuer
1,1 m
19,9 kg

Man sagt, es lebe tausend Jahre, und jedem seiner neun Schweife wohnen übernatürliche Kräfte inne.

VULPIX

Feuer
0,6 m
9,9 kg

Wenn es klein ist, hat es sechs prächtige Schweife; während es heranwächst, kommen noch weitere hinzu.

WASHAKWIL

Normal • Flug
1,5 m
41,0 kg

Das stolze und furchtlose Kühnheits-Pokémon wird oft als Symbol des Mutes auf Wappen abgebildet.

WATTZAPF

Käfer • Elektro
0,1 m
0,6 kg

Es heftet sich an andere Pokémon und saugt deren statische Elektrizität aus; häufig wird es am Hinterteil von Voldi gesichtet.

WOINGENAU

Psycho
1,3 m
28,5 kg

Es hasst Licht und Schocks. Wird es angegriffen, pumpt es sich auf, um einen Gegenschlag vorzubereiten.

WOLLY

Normal
0,6 m
6,0 kg

Sein stark gelocktes, dichtes Fell wirkt wie ein Puffer. Selbst wenn es eine steile Klippe hinunterfällt, bleibt es unverletzt.

ZACIAN LEGENDÄR

Fee • Stahl
2,8 m
355,0 kg

Wegen seiner wunderschönen, grazilen Bewegungen und weil es mit einem einzigen Hieb alles vernichten konnte, hieß es auch „Feenkönigsschwert".

ZAMAZENTA LEGENDÄR

Kampf • Stahl
2,9 m
785,0 kg

Weil es alles und jeden abwehren konnte, trug es einst den Namen „Kämpferkönigsschild" und wurde gleichermaßen gefürchtet und verehrt.

ZWIRRFINST

Geist
2,2 m
106,6 kg

Mit dem Maul am Bauch verschluckt das Greifer-Pokémon seine Beute. Es verspeist aber nur deren Seele, den Körper spuckt es wieder aus.

ZWIRRKLOP

Geist
1,6 m
30,6 kg

Der Körper des Wink-Pokémon ist hohl. Wenn es sein Maul öffnet, saugt es alles in sich auf – wie ein schwarzes Loch.

ZWIRRLICHT

Geist
0,8 m
15,0 kg

Es macht sich unsichtbar, um sich an seine Beute anzuschleichen. Außerdem kann es durch Wände gehen.

ZWOLLOCK

Normal
1,3 m
43,0 kg

Wenn man aus den elastischen Haaren des Schaf-Pokémon einen Teppich webt und spannt, kann man darauf hüpfen wie auf einem Trampolin.

SCHATTENATTACKE

Hast du nachts manchmal das Gefühl, du würdest beobachtet, aber niemand ist zu sehen? Dann lauert bestimmt Alpollo im Dunkeln. Entdeckst du seinen Schatten?

Die Lösungen findest du auf Seite 61.

CHLOES GEHIRNTRAINING

Chloe ist in der Galar-Region auf Pokémon-Suche. Schau dir das Bild 60 Sekunden lang an! Dann blätterst du um und beantwortest so viele Fragen wie möglich.

CHLOES GEHIRNTRAINING

1 Welches Pokémon versteckt sich hinter einem Baum?

2 Was hält Lauchzelot in der Hand?

3 Welches Käfer- und Flug-Pokémon flattert durchs Bild?

4 Wie viele Knapfel entdeckst du?

5 Welches geflügelte Wesen hat seine Höhle verlassen?

6 Digda oder Digdri – was ist abgebildet?

7 Welches Elektro-Pokémon ist zu sehen?

8 Welches Käfer-Pokémon krabbelt über den Waldboden?

40

Die Lösungen findest du auf Seite 61.

ACHTUNG, ACHTUNG!

Professor Eich hat erfahren, dass Team Rocket in der Galar-Region ist und wieder mal für Ärger sorgt. Darum schickt er sofort eine verschlüsselte Nachricht an Ash. Kannst du sie entziffern?

Nimm Dich in acht Ash!

_ _ _ _ _ _ _ _ _ _ _ _ _ _ _

_ _ _ _ _ _ _ _ _ _ , _ _ _ _

_ _ _ _ _ _ _ _ _ .

Die Lösungen findest du auf Seite 61.

MALSPASS MIT MEMMEON

1

Zeichne mit dem Bleistift ein großes Oval für den Kopf, darunter ein kleineres Oval für den Körper.

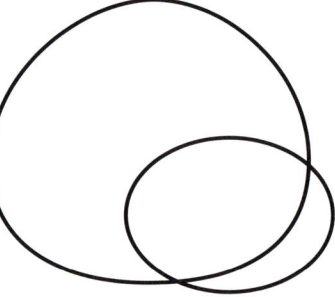

2

Zeichne Hilfslinien für Memmeons Beine und den Schwanz.

3

Füge zwei große Ovale für die Augen und kleinere Ovale für die Wangen hinzu. Zwischen die Augen zeichnest du die Spitze.

4

Nun sind die Details in den Augen, die Nasenlöcher und der Mund dran.

42

DU BRAUCHST:
- einen Bleistift
- Papier
- Radiergummi
- Buntstifte

5

Füge den Kamm auf Memmeons Kopf hinzu.

6

Nun kommt der ge-schwungene Schwanz.

7

Zum Schluss zeichnest du die Umrisse mit schwarzem Filzstift nach. Wenn die Farbe getrocknet ist, radierst du die Hilfslinien aus. Jetzt malst du Memmeon farbig aus!

Dieses kleine Wasser-Pokémon entwickelt sich zweimal weiter – erst zu Phlegleon, dann zu Intelleon.

HOPPLA, EIN HOPPLO!

Inzwischen arbeiten Ash und Goh als wissenschaftliche Hilfskräfte im Labor von Professor Kirsch. Und das Abenteuer geht weiter ...

Eines Morgens machte Goh eine Entdeckung und eilte sofort ins Labor. Ash und Pikachu folgten ihm.

„Schauen Sie sich das an, Professor!", rief Goh und zeigte auf sein Smart-Rotom. „Hier steht, dass Pokémon riesig werden können."

„Boah!", staunte Ash. „Klingt ja spannend!"

„Pokémon dieser Größe gibt es in der Galar-Region", erklärte Professor Kirsch. „Am besten, ihr sucht vor Ort nach ihnen."

„Wir sind schon unterwegs", jubelten Ash und Goh.

Mit dem Flugzeug ging es erst mal in die Galar-Region – so weit waren Ash, Goh und Pikachu noch nie von zu Hause weg. In Score City warteten sie auf den Zug, der sie ans Ziel ihrer Reise, die Naturzone, bringen sollte. Zeit genug, um die Spezialität der Region zu probieren: superleckere Galar-Scones. Ash kaufte ein paar davon und packte sie in seinen Rucksack. Die konnten sie unterwegs essen.

Plötzlich tauchte ein Pokémon auf – wie aus dem Nichts! Mit seinen langen Ohren und dem struppigen braunen Fell sah es fast wie ein Hase aus.

„Schnell! Das müssen wir fotografieren", sagte Ash. Doch in diesem Moment stürmte ein Rudel Kleptifux ins Café, stibitzte seinen Rucksack und machte sich davon. Das Hasen-Pokémon folgte den Dieben.

Ash, Goh und Pikachu nahmen sofort die Verfolgung auf – schließlich waren ihre Zugtickets im Rucksack. Aber als die drei Freunde um die Ecke bogen, waren die Kleptifux spurlos verschwunden.

„Wo sind die denn hin?", keuchte Ash.

Da tauchte wieder das Hasen-Pokémon auf.

„Es versucht nur, uns abzulenken", stellte Goh fest. „Damit die Kleptifux ihren Vorsprung ausbauen können."

Ash und Goh beschlossen, sich zu trennen. Goh folgte einer Spur von Fußabdrücken – während Ash und Pikachu in einer Sackgasse landeten.

„Das darf doch nicht wahr sein!", jammerte Ash und kehrte um.

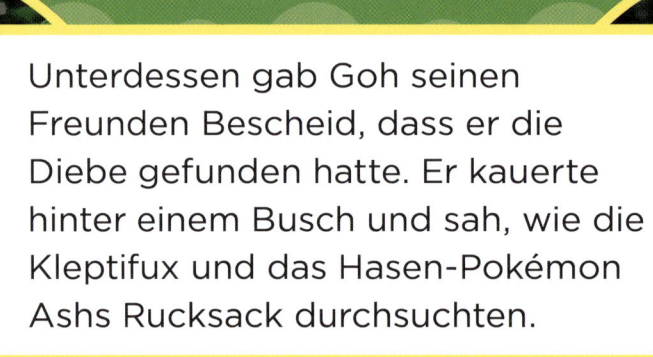

Unterdessen gab Goh seinen Freunden Bescheid, dass er die Diebe gefunden hatte. Er kauerte hinter einem Busch und sah, wie die Kleptifux und das Hasen-Pokémon Ashs Rucksack durchsuchten.

„Mal schauen, was sie als Nächstes tun", flüsterte Goh und scannte die Pokémon-Gruppe mit seinem Smart-Rotom.

„KLEPTIFUX", piepste das Rotom. „Das Fuchs-Pokémon ... stiehlt Essen ... und löscht mit seinem buschigen Schwanz alle Spuren."

Dann scannte Goh das Hasen-Pokémon – aber dazu hatte das Rotom keine Daten.

„Bedeutet das etwa ...?", überlegte Goh.

„... Dass wir eine NEUE ART gefunden haben", unterbrach ihn Ash.

Goh und Ash beobachteten, wie das Hasen-Pokémon die Scones verteilte und selbst nur ein kleines Stück für sich behielt. Als die Kleptifux knurrten und mehr wollten, gab es ihnen auch noch seinen Anteil.

„Wie gutmütig es ist!", stellte Goh fest.
„Mit seinen Freunden zu teilen, ist das Wichtigste", erwiderte Ash. „Aber dieser Rucksack samt Inhalt gehört MIR." Mit einem Satz sprang Ash hinter dem Busch hervor, und die Diebe erschraken.
Das Hasen-Pokémon warf den Rucksack erst weit weg, dann setzte es zu einem Sprung in Ashs Richtung an. Doch Pikachu eilte seinem Buddy zu Hilfe.

„Eisenschweif!", rief Ash Pikachu zu. Das Hasen-Pokémon konterte Pikachus Attacke jedoch mit ein paar cleveren Moves. Ash fragte sich, welches Pokémon wohl als Sieger aus dem Kampf hervorgehen würde. Dann rief er: „Elektronetz!" Sogleich war das Hasen-Pokémon durch Pikachus Attacke in einem Netz aus elektrischen Strahlen gefangen.

„Wir haben es geschafft, Pikachu", freute sich Ash. „PIKA! PIKA!", quietschte Pikachu. Ash ging zu dem besiegten Pokémon und lächelte es an. Doch das Fellknäuel war nicht in der Stimmung, neue Freundschaften zu schließen. Stattdessen verpasste es Ash einen heftigen Fußtritt. „Nicht schlecht", meinte Goh anerkennend.

Das Pokémon kicherte und wischte mit der Pfote über den Mund. Danach war ein weißer Fleck auf seinem Fell zu sehen.
In diesem Moment rannten die Kleptifux an ihnen vorbei, dicht gefolgt vom Scone-Verkäufer. Er trieb die gierige Bande, die noch mehr Leckereien geklaut hatte, in die Enge, und die Kleptifux begannen, ängstlich zu zittern – bis das Hasen-Pokémon ihnen zu Hilfe kam.

„Du schon wieder", schimpfte der Mann und schnappte sich das Pokémon. „Hört endlich mit euren Tricks auf!"
„Äh, warten Sie!", rief Goh.
„Tut mir leid, aber das ist mein Pokémon."
„Dein Pokémon?", fragte der Mann überrascht und ließ das Pokémon los.
„Ja, Sir", antwortete Goh.
„Ich sorge dafür, dass es nie wieder stiehlt."

Gemeinsam gingen sie zurück ins Café, und Goh bestellte sofort eine Riesenportion Scones für die Pokémon. Er konnte nicht ertragen, sie hungern zu sehen.

Der Scone-Verkäufer musterte Goh eine Weile schweigend. „Warum hast du vorhin geschwindelt?", fragte er schließlich.
„Woher wissen Sie das?", erwiderte Goh und wurde rot.
„Ich konnte es an Hopplos Gesicht ablesen, als du behauptet hast, dass das Pokémon dir gehöre", antwortete der Mann.
„Hopplo?", wiederholte Goh und kratzte sich am Kopf. „So heißt es also?"
Der Scone-Verkäufer nickte und lächelte.
„Rotom", sagte Go. „Zeig mir die Daten von Hopplo!"
„Hopplo", piepste das Rotom. „Hasen-Pokémon ... Feuer-Typ ... kräftige Beine ..."

Ash guckte auf den Bildschirm. „Da steht, dass Hopplo weiß sind", stellte er verwirrt fest. „Aber dieses hier ist BRAUN!"
„Das ist nur Schlamm", erklärte der Scone-Verkäufer. Er erzählte den Jungs, wie das Pokémon einst in die Stadt gekommen war, dass es seither den immer hungrigen Kleptifux bei der Nahrungssuche half und dabei nur wenig für sich behielt.
Goh hatte Mitleid mit Hopplo und kniete sich zu ihm. „Hey, die Welt da draußen ist bunt!", sagte er. „Zieh los und such dir neue Freunde! Du kannst gehen, wohin du willst."

Schmunzelnd fuhr Goh fort: „Und diese Fußtritte, die du draufhast, werden dich immer aus allen Schwierigkeiten retten."
Hopplo grinste. Es wollte Ash gerade einen weiteren Tritt verpassen, als Goh rief: „SCHNELL! Unser Zug fährt in fünf Minuten ab."

Schnell rafften die Freunde ihre Sachen zusammen und stürmten los in Richtung Bahnhof. Hopplo blickte ihnen seufzend nach. Doch die Kleptifux wussten, was sie zu tun hatten. Sie waren nun bereit, ihren eigenen Weg zu gehen. Sie schnappten sich Hopplo, jagten Ash, Goh und Pikachu hinterher und hielten nicht an, bis sie ihren Freund wohlbehalten im Zug abgeliefert hatten. Dann drehten sich die Kleptifux um und wedelten Hopplo zum Abschied mit ihrem buschigen Schwanz zu.

Als der Zug gleich darauf losfuhr, hatten Ash und Goh keine Ahnung, dass Hopplo an Bord war. Sie waren damit beschäftigt, alle Infos über die neuen Pokémon an Professor Kirschs Labor weiterzugeben.

„Hopplo ist unglaublich", sagte Goh zu Professor Kirsch. „Es bedeckt sich mit Schlamm, um wie Kleptifux auszusehen. Deshalb hat mein Smart-Rotom es zuerst nicht erkannt."
„Das ist wirklich faszinierend", meinte Professor Kirsch. „Bis bald! Passt auf euch auf!"
„Machen wir", antworteten Goh und Ash.
In diesem Moment meldete sich Pikachus Magen mit einem lauten, grollenden Knurren.
„Ich hab auch Hunger", seufzte Ash.
Pikachu schaute in Ashs Rucksack, aber von den Scones waren nur Krümel übrig. Umso erstaunter waren Ash und Pikachu, als Goh eine Tüte voller Leckereien aus seinem Rucksack holte.
„Ein Geschenk des Scone-Verkäufers", lachte Goh. „Guten Appetit!"

Das erste Pokémon, dem Ash und Goh in der Galar-Region begegneten, ist Hopplo. Bist du schon gespannt, was sie als Nächstes entdecken? Das Abenteuer geht weiter – begleite sie!

DUELL DER HOPPLO-EXPERTEN

Die Fragen beziehen sich alle auf die Geschichte, in der Ash und Goh auf Hopplo treffen. Entscheide dich, ob du als Ash oder Goh spielst, und tritt dann gegen einen anderen Trainer an. Viel Glück!

Du kannst die zehn Fragen natürlich auch allein beantworten!

SPIELER 1: ASH

1 Was hat Hopplo verwendet, um sich zu tarnen?

2 Welche Leckerei aus Galar mochten Ash, Pikachu und Goh besonders gern?

3 Zu welcher Pokémon-Kategorie gehört Hopplo?

4 Welche Attacke wendet Hopplo gegen Ash an?

5 Welchen Pokémon hat Hopplo bei der Nahrungssuche geholfen?

ERGEBNIS:

SPIELER 2: GOH

1 Wohin genau reisen Ash, Pikachu und Goh in der Galar-Region?

2 Was verwendet Goh, um Daten zu neuen Pokémon abzurufen?

3 Wie heißt der Leiter des Labors in Orania City?

4 Nenne eine der beiden Attacken, die Pikachu gegen Hopplo angewandt hat!

5 Zu welcher Pokémon-Kategorie gehört Kleptifux?

ERGEBNIS:

Für jede richtige Antwort gibt es einen Punkt!

Die Lösungen findest du auf Seite 61.

BEERENHUNGER

Welche Beeren mag Gohs Pokémon Hopplo am liebsten?
Die Buchstaben auf dem richtigen Weg verraten es dir!

Die Lösungen findest du auf Seite 61.

WEGWEISER

Goh liebt es, versteckte Pokémon zu entdecken.
Führe ihn durch das Labyrinth zum mysteriösen
Mew und sammle auf dem Weg Chimpep
und Hopplo mit ein!

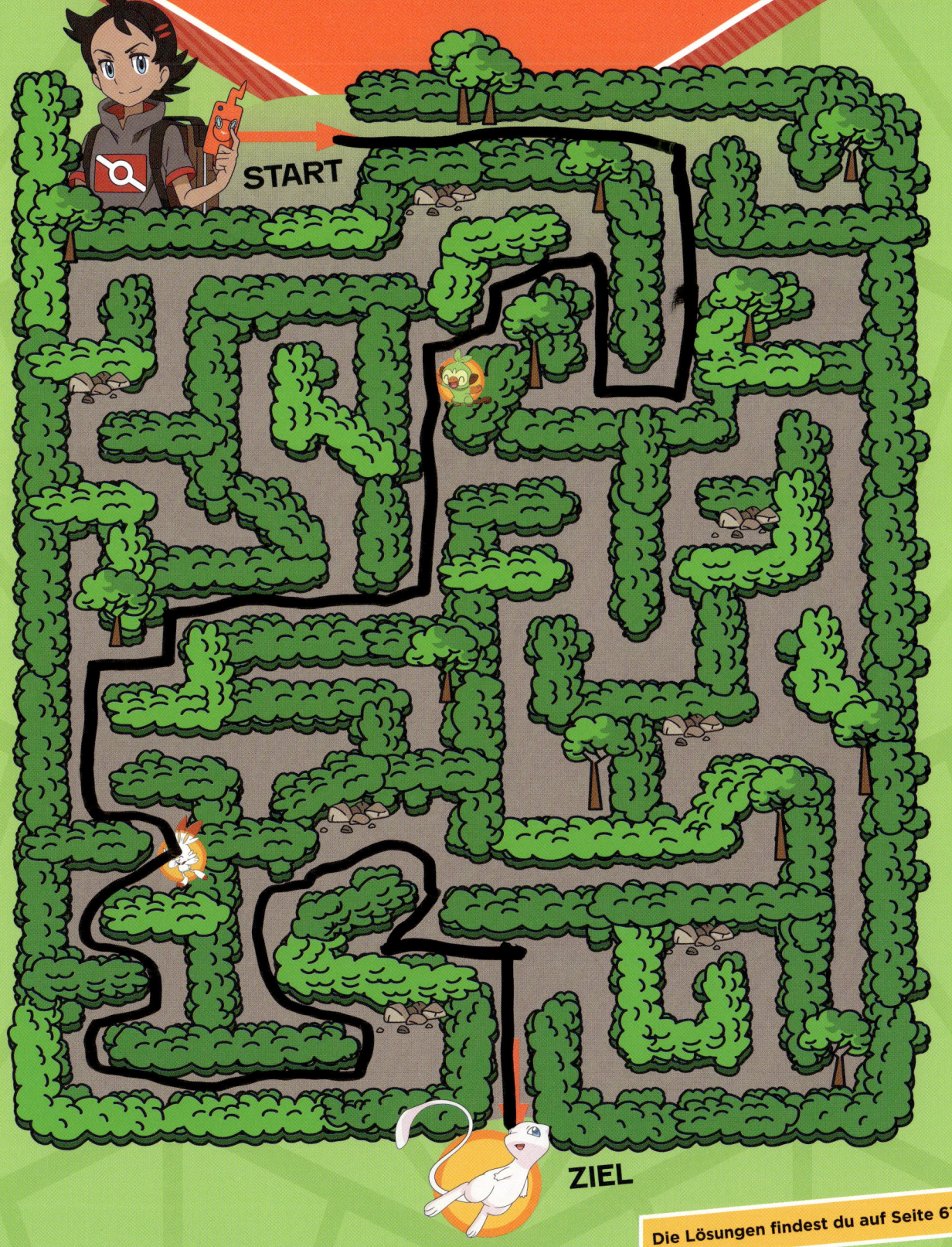

START

ZIEL

Die Lösungen findest du auf Seite 61.

VOLL VERDREHT!

Diese zehn Pokémon gehören alle unterschiedlichen Typen an. Doch die Buchstaben sind total durcheinandergeraten. Bringe sie in die richtige Reihenfolge und finde heraus, welches Pokémon zu welchem Typ gehört.

1 CHYPOS

_ _ _ _ _ _ _

2 LASTH

_ _ _ _ _

3 EFE

F e e

4 KROLETE

_ _ _ _ _ _ _

5 FIGT

Gift

6 PFAMK

Kampf

7 REUFE

_ _ _ _ _

8 TUCHLIN

_ _ _ _ _ _ _

9 SWEARS

_ _ _ _ _ _

10 STEIG

Geist

Die Lösungen findest du auf Seite 61.

EVOLIS ENTWICKLUNGEN

Mit acht verschiedenen Entwicklungsstufen hält Evoli den Rekord unter den Pokémon. Wie viele Entwicklungen kennst du? Trage ihre Namen in die Felder ein!

8 Aguana

1 Flamara

2 Blitza

7 Nachtara

3 Flor

6 Feelinara

5 Psiana

4 Glaziola

Die Lösungen findest du auf Seite 61.

57

HELDENHAFTER  KRIEGER

Das legendäre Krieger-Pokémon Zamazenta soll die Galar-Region einst gerettet haben. Male es aus – die Punkte zeigen dir die Farben der einzelnen Felder.

GOHS GALAR-DEX

Den Galar-Pokédex zu vervollständigen, macht Goh ganz kribbelig. Hilf ihm und verbinde die Namen der Käfer-Pokémon mit den passenden Bildern!

PARAS

SAFCON

RAUPY

WATTZAPF

AKKUP

SMETTBO

KERADAR

THERMOPOD

MABULA

PARASEK

SICHLOR

PINSIR

Die Lösungen findest du auf Seite 61.

59

DEIN FAVORIT

Wenn du dich mit nur einem Pokémon aus der Galar-Region anfreunden könntest – welches würdest du wählen? Zeichne es in den Pokéball!

LÖSUNGEN

Seite 9
Findest du die Fehler?

Seite 10
Jetzt geht's rund!
Tauchball – Quajutsu
Netzball – Smettbo
Meisterball – Mew
Finsterball – Gengar

Seite 11
Echt feurig!
Das Pokémon ist Glurak.

Seite 20
Das große Lugia-Quiz
1) Legendär, 2) Flug und Psycho, 3) Ja,
4) Nein, 5) 5,2 Meter, 6) Seine Flügel

Seite 21
Perfekt versteckt!

Seite 22
Schnipsel-Chaos
1F, 2D, 3C, 4B, 5A, 6E
Auf dem Bild sind zwei Fleknoil.

Seite 38
Schattenattacke
Schatten D ist der richtige.

Seite 39/40
Chloes Gehirntraining
1) Larvitar, 2) Seine Lauchstange,
3) Smettbo, 4) Vier Knapfel,
5) Fleknoil, 6) Digdri, 7) Voldi,
8) Mabula

Seite 41
Achtung, Achtung!
Professor Eichs Nachricht lautet: Nimm
dich in Acht, Ash! Team Rocket hat ein
Ditto rekrutiert, um Pikachu zu fangen.

Seite 52/53
Duell der Hopplo-Experten
Spieler 1:
1) Schlamm, 2) Scones, 3) Kategorie
Hase, 4) Fußtritt, 5) Kleptifux
Spieler 2:
1) Naturzone, 2) Smart-Rotom,
3) Professor Kirsch, 4) Eisenschweif
oder Elektronetz, 5) Kategorie Fuchs

Seite 54
Beerenhunger

SANANABEEREN

Seite 55
Wegweiser

Seite 56
Voll verdreht!
1) Psycho, 2) Stahl, 3) Fee, 4) Elektro,
5) Gift, 6) Kampf, 7) Feuer, 8) Unlicht,
9) Wasser, 10) Geist

Seite 57
Evolis Entwicklungen

Seite 59
Gohs Galar-Dex